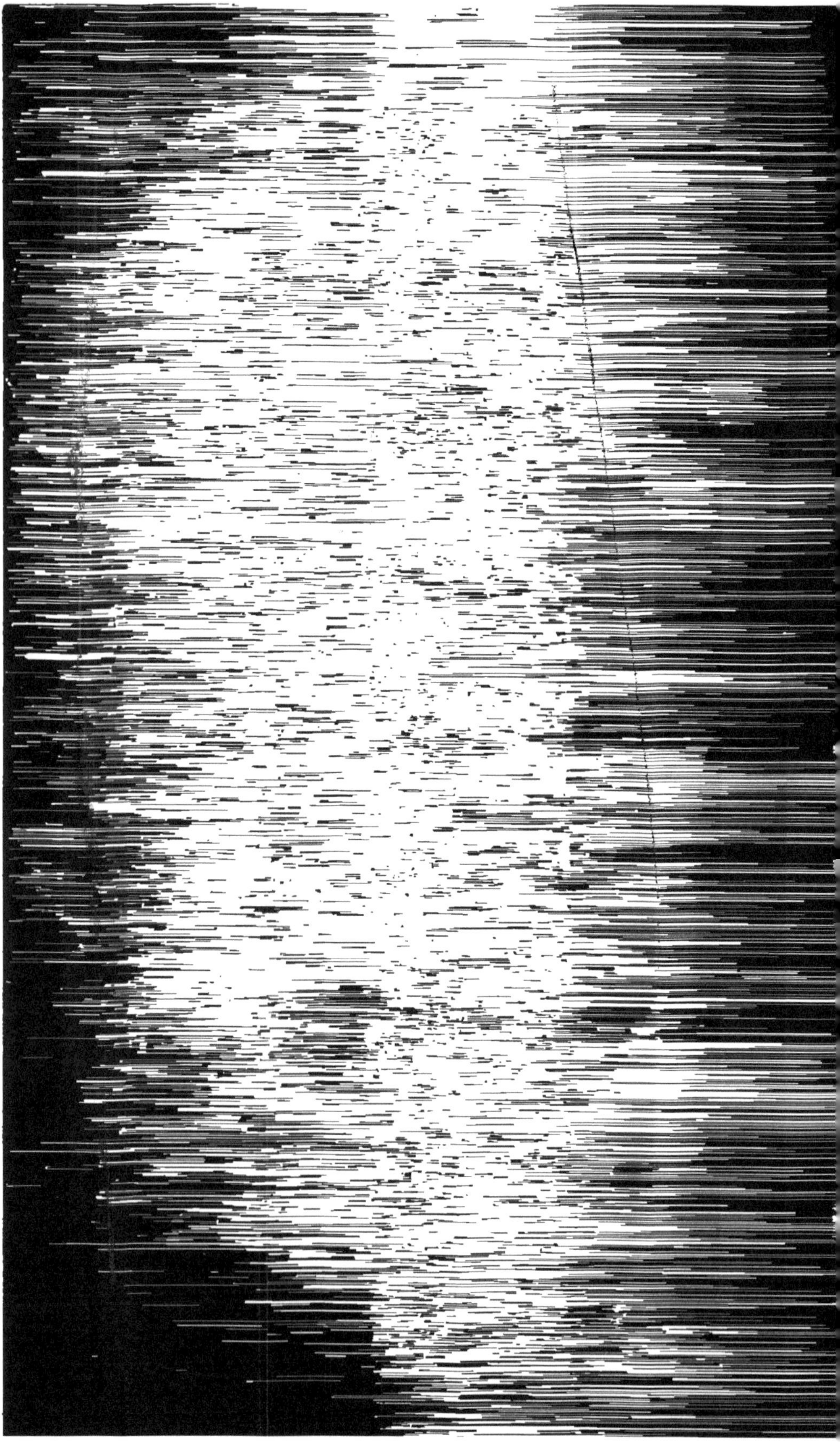

DOURNEAU

(DÉMOPHILE)

POËTE A ROYE

EN 1793

DOURNEAU

(DÉMOPHILE)

POËTE A ROYE

EN 1793

Par Fd POUY

AMIENS
Typographie LEMER aîné
PLACE PÉRIGORD, 3

1866

AVIS

Sous le titre de la **Picardie historique et littéraire**, il sera publié une série de pièces intéressantes, rares ou inédites, dont cette plaquette est un spécimen.

DOURNEAU

(DÉMOPHILE.)

Parmi les écrivains qui ont mis autrefois leur plume au service des idées républicaines, il y a des nuances bien diverses : énergie farouche des uns, théories de toutes sortes chez les autres, pamphlétaires, journalistes ; chacun s'était mis à l'œuvre avec ardeur dans cette grande mêlée. Jamais les presses n'ont été plus occupées.

La République eut aussi ses poëtes et ses chansonniers, qui tous ne furent pas des

Rouget de L'Isle, ni des Chénier, mais qui n'en voulurent pas moins chanter à leur guise les hauts-faits de l'époque, les louanges des célébrités contemporaines et la gloire nationale.

C'est dans cette dernière classe qu'il faut placer un poëte qui habitait la ville de Roye à cette époque de fièvre violente.

Ce poëte, calme au milieu de la tempête, se livrait doucement à la culture des muses.

Quel contraste avec la vie de Le Bon, de Babeuf et autres personnages fameux !

Ce poëte qui était venu se mêler à la vie publique, sur le sol picard, l'un des moins agités, par une grâce qui semble lui avoir été toute spéciale, ce poëte se nommait Dourneau, il avait été prêtre ; l'anéantissement du sacerdoce l'avait déclassé comme tant d'autres.

Et puis les poëtes ne devaient-ils pas être plus faciles que d'autres à la séduction, à l'émotion occasionnée par les grands événements qui signalèrent les premiers temps de l'ère républicaine ?

La Biographie universelle ni l'histoire locale ne citent l'abbé Dourneau, mais il a son article dans le ***Petit Almanach de nos grands hommes***, où il est dit :

« Un recueil, un almanach, n'oseraient plus
» se présenter au public sans une petite pièce
» de M. l'abbé Dourneau et le public n'en
» voudrait pas sans cela. M. l'abbé ne s'y
» refuse point, il se fait tout à tous. »

Nous ne sommes donc pas, comme on le voit, en face d'un inconnu, n'en déplaise à l'épigraphe ***Dis ignotis*** de l'almanach de Rivarol.

L'abbé Dourneau avait été prêtre à Saint-Dizier, il n'est resté que peu de temps à Roye, où il habitait la place Saint-Florent ; il n'a laissé, m'écrit-on, d'autre souvenir que celui de ses poésies (1).

C'est donc dans ses écrits qu'il faut chercher sur lui quelques traits biographiques.

L'*Almanach des Muses* a recueilli les premières inspirations de l'abbé Dourneau. Les pièces fournies par lui sont assez nombreuses, en voici deux spécimens de 1785 :

LA POLITESSE GASCONE.

Oh ! j'étouffe, on respire à peine ;
Quel jour brûlant, il faut périr.
Tous les vents, jusques au zéphir,
Semblent retenir leur haleine.

(1) Lettre de M. Coët, bibliothécaire à Roye.

— Ne pourrait-on rien vous offrir ?
Vous vous rafraîchiriez peut-être ?
— Ma foi, Monsieur, avec plaisir.
— Saint-Louis, ouvrez la fenêtre.

LE MOT D'AVIS.

Eh bien ! Rolet, toujours fripon !
Je viens encore de vous y prendre ;
La première fois, sur mon nom !
Soyez sûr que je vous fais pendre.
— Ce que monsieur le Président,
Par amitié, vient de me dire,
Est on ne peut pas plus plaisant,
Il a toujours le mot pour rire.

Poésies légères, mais qui ne sont pas les plus mauvaises de celles qui émaillent l'almanach des Muses, aux temps où une foule de petits poëtes vivaient frugalement de la charade et du madrigal.

Dourneau a publié en volumes :

1° *Immortalité de l'âme*, poëme, in-8°, en 1782 ;

2° Les *Quatre âges de l'homme*. Paris, Moutard, 1782, in-8°, 68 pages ;

3° *Épître à M. de B...*, 1789, in-8° (1).

Mais ce qui rattache plus particulièrement l'abbé Dourneau à la Picardie, c'est la pièce très-rare dont le titre exact porte :

Couplets civiques pour l'inauguration des bustes de Francklin, Voltaire, Buffon, Jean-Jacques Rousseau, Marat et Lepelletier, dans la salle de la Société populaire et républicaine d'Avre-Libre

(1) Voyez Quérard et Barbier.

(ci-devant Roye), département de la Somme, par le citoyen Dourneau-Démophile, membre et secrétaire de la Société. A Paris, 8 nivose, an 2 de la République française une et indivisible *(sic)* (imp. Moutard), 16 pages in-8°.

Secrétaire de la Société populaire, Dourneau, ce semble, aurait pu avoir dans les événements du pays un rôle fort actif, comme il est arrivé à tant d'autres, à tant de membres égarés des Sociétés populaires, mais il paraît, heureusement pour sa mémoire, qu'il ne s'est signalé par aucun excès matériel ; poëte inoffensif il a seulement fait résonner les cordes de sa lyre patriotique à l'occasion de l'inauguration solennelle à Roye des bustes des idoles de la République, MARAT et LE PELLETIER.

Les bustes de Francklin, de Voltaire, de Buffon, et de Jean-Jacques Rousseau, de même que les emblêmes de la République eurent aussi les honneurs de cette solennité.

Pas n'est besoin de dire que ces bustes ont disparu, comme bien d'autres érigés depuis non moins solennellement (1). C'est le sort commun.

Revenons à notre poëte.

Ses hauts-faits révolutionnaires sont ses *couplets civiques*. C'est là son plus grand écart. Voyons donc s'il est bien coupable.

C'est à Voltaire qu'il demande son inspiration ; il ne pouvait pas moins :

Père immortel de Brutus et d'Alzire,
Toi qui régnas sur le sacré vallon
Viens m'inspirer; daigne accorder ma lyre;
Soutiens ma voix et sois mon Apollon !

(1) Voy. *Recherches sur l'imprimerie et la librairie à Amiens* et dans le *département de la Somme.*

Puis, il invoque le buste du même écrivain célèbre, espérant que cette effigie sera toujours pour Avre-Libre, un signal de *liberté et d'égalité.*

Viens habiter ces voûtes fraternelles
Temple chéri de notre liberté ;
Et donne-nous les leçons immortelles
Des lois, des mœurs et de l'égalité.

Pour ton triomphe et ton apothéose
Entend nos chants, applaudis à nos vœux ;
Puisque ta cendre au Panthéon repose,
Tes traits du moins, embellissent ces lieux.

Il pense que le buste de Buffon doit figurer parmi celui des sages, comme personnifiant l'enfant du peuple.

Ton nom, tes écrits et ta gloire
Iront aux siècles à venir ;
Placé au temple de mémoire,
Ton image doit l'embellir.
Tu vécus l'ami de ces sages ;
Les mêmes honneurs te sont dus :
Peut-on distinguer les hommages
Où règnent les mêmes vertus.

Cinq couplets sont consacrés à Francklin :

Digne à jamais et de Rome et d'Athènes,
. . . .
Plane sur nous, ombre chère et sacrée ;
Verse en ces lieux l'esprit républicain ;
Parle à nos cœurs.... tu le ferais en vain,
Si nos vertus n'assuraient sa durée.
. . . .

Ce front blanchi par des veilles profondes,
Que l'olivier le couronne en ce jour !

Et que nos chants d'allégresse et d'amour
Disent son nom et sa gloire aux deux
[mondes.

Le buste de Jean-Jacques Rousseau rappelle à Dourneau un :

Peintre touchant de la nature,
L'ami des mœurs,
Vit dans cette peinture
Et dans nos cœurs.
Offrons des couronnes civiques
A ce mortel,
Et consacrons par nos cantiques
Ce simple autel.

Il sut agrandir la science
Du cœur humain.
Ce peuple est (dit-il) par essence
Seul souverain.

Le despote avec sa magie
Tient le haut bout ;
Mais la sacrée philosophie
Nivelle tout.

Tendre amant de la solitude
Et de la paix,
Pour lui le vrai, sa seule étude,
Eut mille attraits :
Il se cachait sous les ombrages,
Loin des cités.

Brûlons à sa fidèle image,
Un pur encens ;
Plus tard elle obtiendra l'hommage
De nos enfants.

Marat et Lepelletier ont les honneurs de six couplets, sur l'air : *Charmante Gabrielle.*

Le *Traité sur l'éducation nationale* de Lepelletier est ainsi recommandé à la jeunesse :

Espoir de la patrie,
Tendres adolescens,
Cette noble effigie
Réclame votre encens ;
De sa sollicitude,
  Objets chéris,
Livrez-vous à l'étude
  De ses écrits.

Il dit à chaque page :
Soyez justes et bons ;
Hâtez-vous de reprendre
  Vos droits perdus,
Mais cessez d'y prétendre
  Sans les vertus.

Dans cette pompe auguste
Faut-il que le cyprès,
Peuple sensible et juste,
Attestent tes regrets !
Deux illustres victimes
Ont en ce jour
Des droits bien légitimes
A ton amour.

Puis il s'incline plus particulièrement devant *Marat, l'ami du peuple.*

Peuple, masse imposante,
Qui n'obéit qu'à toi,
Entends la voix tonnante
Qui t'a proclamé roi :
Marat, tant qu'il respire,
Est ton ami ;
Et par lui ton empire
Fut affermi.

Ainsi qu'à son émule,
Le fer d'un assassin,
Sur la chaise curule
Vint lui percer le sein :
Tous deux quittèrent la vie
  Avec fierté,
Laissant à leur patrie
  La LIBERTÉ.

Marat et Lepelletier, enfin, ne sont pas séparés dans son admiration et il leur décerne une couronne commune :

D'une double couronne
Ceignons ces deux mortels ;
Nous leur devons un trône,
Dressons-leur des autels :
Consacrons la mémoire
  De leurs bienfaits ;
Et que leur nom, leur gloire
  Vive à jamais !

Plusieurs de ces vers sont dignes de figurer dans le livre qui cherche aujourd'hui à réhabiliter Marat.

C'est la plus grande licence poétique de Dourneau. Marat laissant à la patrie la liberté !

C'était l'erreur fanatique du moment, celle aussi d'un autre poëte qui, après la mort de cet idole, avait tracé sur sa porte ce quatrain criant vengeance :

Peuple, Marat est mort, l'amant de la patrie,
Ton ami, ton soutien, l'espoir de l'affligé,
Est tombé sous les coups d'une horde flétrie ;
Pleure, mais souviens-toi qu'il doit être vengé.

Fut-elle assez terrible la vengeance !

Après avoir payé ce large tribut à l'apologie

du héros populaire, Dourneau reprend son calme habituel; ses vers ne dépassent plus les limites de la sagesse, je dirai même de la vertu.

Les images de la liberté sont l'objet d'une chanson sur l'air de *la Marseillaise.*

Echappé d'une source pure,
Je vois un limpide ruisseau;
Il bondit, se joue et murmure,
Sur un gravier toujours nouveau,
Capricieux, libre et volage,
Il ne revient plus sur ses pas :
Liberté tels sont tes appas,
Dont mes airs ne sont que l'image.

Pour franchir cette onde fatale
Qui le retenait dans les fers,
Jadis l'ingénieux Dédale
S'ouvrit un chemin dans les airs.

Tel fut le surprenant ouvrage
De l'amour de la liberté ;
C'est la seule divinité
Digne d'inspirer le courage.

S'il est deux bonheurs dans la vie,
Le premier c'est la liberté,
Voyez l'oiseau qui dans sa cage
S'agite du matin au soir ;
Il s'y nourrit du seul espoir
d'échapper à son esclavage.

Ces couplets peignent assez bien l'amour de la vraie liberté, ce sont les *images* les mieux réussies de l'auteur.

Ensuite vient :

LE CREDO DE L'HONNÊTE HOMME.

Cultiver sa raison, chérir l'égalité,
Aux lois, aux mœurs, être fidèle,

Propager, affermir la douce liberté,
Servir son pays avec zèle,
Instruire, consoler, aider l'humanité,
Du faible épouser la querelle,
Dépouiller la vertu de son austérité,
A tous les yeux la peindre belle,
Adorer dans son cœur la suprême bonté,
Imiter un aussi beau modèle ;
Voilà l'autel, l'encens que la divinité
Trouvera toujours digne d'elle.

Une telle morale ne pouvait que fortifier la Société populaire de Roye dans la voie de la modération où elle était. Ne faut-il pas en savoir quelque gré à son Secrétaire ?

Enfin, le recueil de poésies est terminé par les inscriptions en vers, placées au-dessous des emblêmes de la République, dans la salle des séances de la Société d'Avre-Libre.

DROITS DE L'HOMME.

La vérité triomphe; hommes voilà tes droits;
Pèses-les sagement, gardes-en l'équilibre;
Mais apprend que pour être libre,
Il faut être esclave des lois.

LIBERTÉ.

Si de la liberté le Français est jaloux,
Qu'il apprenne quelle est la raison éternelle,
Et qu'elle lui prescrit cette tâche si belle,
De ne nuire à personne, et d'être utile à tous.

ÉGALITÉ.

Ce niveau nous offre un emblême
Qui, peignant à nos yeux les préjugés vaincus,
Ne laisse qu'aux talents et qu'aux seules vertus
L'espoir de s'élever au-dessus de soi-même.

UNITÉ.

Cet essaim d'abeilles actives
Travaillant à l'envi pour l'intérêt commun,
Donne aux républicains ces leçons instructives :
Que nul ne soit oisif, et que tous ne soient qu'un.

INDIVISIBILITÉ.

De ces dards enlacés, l'énergique leçon
Nous prévient du danger de s'isoler soi-même ;
Serrons-nous, aimons-nous, c'est là le lien su-
[prême.
La force naît de l'union.

Dourneau avait assez justement ajouté à son nom le titre de Démophile (ami du peuple), et comme la sybille de Cumes, qui portait aussi le nom de Démophile, il écrivait en vers, mais il n'avait, je pense, aucune prétention à passer pour un oracle aussi célèbre.

Ses vers portent bien le cachet de l'époque révolutionnaire, mais avec une certaine prudence, et ses actes ne semblent pas avoir démenti ses écrits. En effet, qu'on se le rappelle, « Dourneau n'a laissé à Roye d'autre souvenir que celui de ses poésies. » C'est bien quelque chose pourtant ; trop peut-être pour ceux qui voudront le juger comme prêtre.

Ici nous ne voyons que l'écrivain, et nous ne pouvions rien retrancher de ce qui aidait à le faire connaître.

Dourneau aimait la liberté plus encore, peut-être, que la République. C'est bien du moins ce que ses vers laissent penser.

Ce n'est pas lui qui eût chanté les *Saturnales*. Si toutes les Sociétés populaires avaient eu pour Secrétaires et Directeurs des poëtes comme lui, on pourrait avoir plus de vers à enregistrer, mais on n'aurait pas eu sans doute à déplorer tant de calamités (1).

La liberté, il la voulait partout. Il excitait nos soldats à voler aux combats, par horreur du despotisme, dans l'espoir qu'ils donneraient à leurs frères cette liberté qu'il voulait chanter avec eux :

Chantons, chantons,
Que les échos répètent nos concerts.

(1) Saint-Just, pendant son séjour à Guise, prononça dans une séance de la Société populaire ces paroles sinistres, consignées sur les registres de cette Société :

« Il faut que les cimetières, et non pas les prisons,
» regorgent de traitres. »

Il entendait surtout signaler les ex-nobles.

Dans son image de la liberté, il avait dit fort justement en vers, que je répète :

Mais apprends que pour être libre,
Il faut être esclave des lois.
....Ne nuire à personne et être utile à tous.

Comme tous les républicains, il voulait l'égalité et la simplicité, la vertu pardessus tout, mais sans austérité.

Il pensait que

Dans le peuple éclairé l'on doit choisir les [grands,
Et dispenser les emplois au génie.

Poëte et chansonnier moraliste de la République, tels sont les titres qui semblent appartenir à Dourneau et lui assurer une petite place dans l'histoire locale, plus encore que son emploi de Secrétaire de la Société populaire de Roye.

Amiens. — Imp. LEMER aîné, place Périgord, 3.

www.ingramcontent.com/pod-product-compliance
Ingram Content Group UK Ltd.
Pitfield, Milton Keynes, MK11 3LW, UK
UKHW032011260826
14628UKWH00005B/2430

9 782011 772145